Erstellung eines individuellen Trainingsplans zum gesundheitsorientierten Kraftaufbau

GRIN

Bibliografische Information der Deutschen Nationalbibliothek:

Die Deutsche Nationalbibliothek verzeichnet diese Publikation in der Deutschen Nationalbibliografie; detaillierte bibliografische Daten sind im Internet über http://dnb.d-nb.de abrufbar.

ISBN: 9783346349767
Dieses Buch ist auch als E-Book erhältlich.

Druck und Bindung: Books on Demand GmbH, Norderstedt Germany
Gedruckt auf säurefreiem Papier aus verantwortungsvollen Quellen

Das vorliegende Werk wurde sorgfältig erarbeitet. Dennoch übernehmen Autoren und Verlag für die Richtigkeit von Angaben, Hinweisen, Links und Ratschlägen sowie eventuelle Druckfehler keine Haftung.

Das Buch bei GRIN: https://www.grin.com/document/989630

Deutsche Hochschule für
Prävention und Gesundheitsmanagement
Hermann Neuberger Sportschule 3
66123 Saarbrücken

Einsendeaufgabe

Fachmodul: Trainingslehre I – Gesundheitsorientiertes Krafttraining

Studiengang: Fitnessökonomie

Einsendeaufgabe „Trainingslehre I -

Gesundheitsorientiertes Krafttraining"

Deutsche Hochschule

für Prävention und Gesundheitsmanagement

Inhaltsverzeichnis

1 DIAGNOSE...3

1.1 ALLGEMEINE DATEN, ALLGEMEINER GESUNDHEITSZUSTAND, BIOMETRISCHE DATEN UND
BEWERTUNG DES GESUNDHEITSZUSTANDES UND BLUTDRUCKS 3

   1.1.1 ALLGEMEINE DATEN...3

   1.1.2 ALLGEMEINER GESUNDHEITSZUSTAND 4

   1.1.3 BIOMETRISCHE DATEN..4

   1.1.4 BEWERTUNG DES GESUNDHEITSZUSTANDES..5

   1.1.5 BEWERTUNG DES BLUTDRUCKS 5

1.2 KRASTTESTUNG MIT DEM „INDIVIDUELLE-LEISTUNGSBILD-TEST" 5

2 ZIELSETZUNG/PROGNOSE...8

2.1 ZIELDEFINITION..8

2.2 GRUNDLAGE DER ZIELDEFINITION: 8

3 MAKROZYKLUSPLANUNG NACH EINER „VARIANTE DER INDIVIDUELLE-
LEISTUNGSBILD-METHODE" MIT WEITAUS HÖHEREN INTENSITÄTEN FÜR
LEISTUNGSSTARKE UND GESUNDHEITLICH NICHT EINGESCHRÄNKTE SPORTLER 9

4 VIERTER MESOZYKLUS...10

4.1 ÜBERGEORDNETES KONZEPT 11

4.2 STATION 1 „BEINE & HÜFTE" 12

4.3 STATION 2 „RÜCKEN & BIZEPS" 12

4.4 STATION 3 „BRUST & TRIZEPS"...14

4.5 STATION 4 „SCHULTER & BAUCH"..15

5 LITERATURRECHERCHE ZU EFFEKTEN DES KRAFTTRAININGS BEI DIABETES
MELLITUS TYP-2..15

6 LITERATURVERZEICHNIS...17

7 TABELLENVERZEICHNIS...18

1 Diagnose

1.1 Allgemeine Daten, allgemeiner Gesundheitszustand, biometrische Daten und Bewertung des Gesundheitszustandes und Blutdrucks

1.1.1 Allgemeine Daten

Tab. 1: Allgemeine Daten

Alter	25 Jahre
Geschlecht	männlich
Körpergröße	1,90m
Körpergewicht	87kg
Berufliche Tätigkeit	Kaufmännischer Angestellter
Aktuelle sportliche Aktivitäten und geplantes Zeitbudget	In den letzten 3 Jahren hat er durchschnittlich dreimal die Woche jeweils eineinhalb Stunden trainiert und möchte dies beibehalten. Er ist hochmotiviert und möchte noch intensiver trainieren. Zuletzt hat er ohne Trainingsplanung den ganzen Körper mit 8-12 Übungen pro Einheit, 3 Sätzen pro Übung und 3-8 Wiederholungen pro Satz trainiert.
Frühere sportliche Aktivitäten	Während seiner gesamten Schulzeit hat er Leistungsturnen betrieben.
Trainingsmotive	Er möchte Muskeln aufbauen, seine Maximalkraft verbessern, 15 Klimmzüge schaffen (momentan schafft er 6) und seine allgemeine Fitness steigern.
Stress im Alltag	Nein
Übergewicht/Adipositas	Nein
Allgemeine Befindlichkeit	Sehr gut
Eigene Einschätzung der momentanen Fitness	Sehr gut
Bewegungsmangel	Nein

1.1.2 Allgemeiner Gesundheitszustand

Tab. 2: Allgemeiner Gesundheitszustand

Medikamenteneinnahme	keine
Letzte ärztliche Kontrolle/momentane ärztliche Behandlungen	Adoleszenzuntersuchung II (J2) beim Kinderarzt/keine
Erkrankungen im letzten Monat	Keine
Operationen, Verletzungen oder Gelenkerkrankungen	Keine
Ärztlicher Wirbelsäulenbefund	Keiner
Muskelbeschwerden	Keine
Ärztlicher Herz-Kreislaufbefund	Keiner
Ärztlicher Schilddrüsenbefund	Keiner
Diabetes mellitus Typ	Keiner
Asthma / Bronchitis	Nein
Sonstige Atemwegsbeschwerden	Nein
Chronische Erkrankungen	Nein
Verordnete Diät/übermäßiger Alkoholkonsum	Nein/Nein
Schwindel/Migräne/Kopfschmerzen	Nein
Erhöhte Cholesterinwerte	Nein
Schwangerschaft/Krampfadern	Nein
Sonstige ärztliche Befunde	Nein
Empfehlungen vom Arzt oder Physiotherapeuten	Nein
Raucher/falsche Ernährung	Nein/Nein

1.1.3 Biometrische Daten

Tab. 3: Biometrische Daten

Gewicht, Größe	Siehe allgemeine Daten
Anthroprometrische Daten (Body-Mass-Index, Taille-Hüft-Quotient, Körperfettanteil)	Nicht erhoben
Ruheherzfrequenz	Nicht erhoben
Blutdruck in Ruhe	115/80 mmHg

1.1.4 Bewertung des Gesundheitszustandes

Der Klient hat keine Kontraindikationen und kann hochintensiv muskulär ausbelastet werden. Im Hinblick auf Belastbarkeit und Trainierbarkeit bestehen keine gesundheitlichen Einschränkungen. Der Wunsch des Klienten nach leistungsorientiertem Training kann erfüllt werden. Die Trainingsmotive klingen realistisch.

1.1.5 Bewertung des Blutdrucks

Tab. 4: Blutdruckklassifikation der American Heart Association (modifiziert nach Mancia et al., 2013, S. 1286)

Bewertungsstufen	Systolischer Blutdruck	Diastolischer Blutdruck
Optimal	Unter 120 mmHg	Unter 80 mmHg
Normal	Unter 130 mmHg	Unter 85 mmHg
Hochnormal	130-139 mmHg	85-89 mmHg

Der gemessene Blutdruck von 115/80 mmHg ist gemäß der Blutdruckklassifikation der American Heart Association (modifiziert nach Mancia et al., 2013, S. 1286) als normal zu werten. Es liegt eine Normotonie vor, die die Trainingsplanung nicht beeinträchtigt.

1.2 Krasttestung mit dem „Individuelle-Leistungsbild-Test"

1.2.1 Auswahl des „ILB-Tests"

Aus Grund der Leistungsorientierung, der sehr guten Fitness und des Nichtvorhandenseins von Kontraindikationen wird der Klient nach einer Variante der „Individuellen Leistungsbild-Methode" mit weitaus höheren Trainingsintensitäten für leistungsstarke und gesundheitlich nicht eingeschränkte Sportler auf einer Leistungsstufe für Fortgeschrittene mit dem Ziel Muskelhypertrophie und muskulärer Ausbelastung trainieren. Mit der Zielsetzung des Hypertrophie geht hierbei eine Anzahl von 8-15 Wiederholungen pro Serie einher, festgesetzt wird ein mittlerer Bereich von 12 Wiederholungen. Ein geeignetes Instrument zur Bestimmung der submaximalen Trainingsintensität, welches das maximal konzentrisch bewältigbare Gewicht für die Wiederholungszahl 12 ermittelt, ist das von Zimmer (1999) und Eifler (2000) entwickelte, standardisierte Mehrwiederholungstestverfahren zur Erfassung der Kraftleistung bei submaximalen Intensitäten bei den Übungen „Lat-Zug vertikal zum Nacken" (Zimmer, 1999) sowie „Beinpresse horizontal liegend" und „Bankdrücken an der Multipresse" (Eifler, 2000).

1.2.2 Testbeschreibung und Testablauf

Tab. 5: Methodischer Ablauf eines Mehrwiederholungskrafttests zur Ermittlung des 12-RM (Testablaufschema nach Zimmer, 1999, S. 45-47)

Schritte	Mehrwiederholungskrafttest (X-RM-Test)
1. Schritt	Allgemeines und spezifisches Aufwärmen
2. Schritt	1. Testsatz: -Testgewicht Lat-Zug: Frauen 20%, Männer 30%des Körpergewichts -Testgewicht Bankdrücken: Frauen 30%, Männer 50% des Körpergewichts -Testgewicht Beinpresse: Frauen 100%, Männer 125% des Körpergewichts
3. Schritt	2. und bei Bedarf 3. Testsat (nach jeweils 3 Min. Pause): Steigerung der Gewichtslast um 5%, 10% oder 25% je nach subjektivem Belastungsempfinden der Probanden
4. Schritt	Umsetzung des Testergebnisses in die Trainingsplanung

Nach einem allgemeinen und spezifischen Aufwärmen , wurde der erste Testsatz durchgeführt. Als Testgewicht des ersten Testsatzes wurden bei der Übung „Lat-Zug vertikal zum Nacken" 30% des Körpergewichts (ca. 60 lbs), bei der Übung „Beinpresse" 125% des Körpergewichts (ca. 240 lbs) und bei der Übung „Bankdrücken an der Multipresse" 50% des Körpergewichts (ca. 45kg) gewählt.

Nach der Durchführung der 12 Wiederholungen mit den Testgewichten, beurteilte der Klient die subjektive Belastung der Übungen anhand der Siebenstufigen Skala zur Ermittlung des subjektiven Belastungsempfindens (modifiziert nach Boeckh-Behrens & Buskies, 2002, S.32)

Tab. 6: Siebenstufige Skala zur Ermittlung des subjektiven Belastungsempfindens (modifiziert nach Boeckh-Behrens & Buskies, 2002, S.32)

Stufe	subjektives Belastungsempfinden
1	sehr leicht
2	leicht
3	leicht bis mittel
4	mittel

5	mittel bis schwer
6	schwer
7	sehr schwer

Der Klient empfand das Testgewicht aller drei Übungen als sehr leicht. Dementsprechend wurden die Testgewichte aller drei Übungen um jeweils 25% gesteigert.

Als Testgewichte für den zweiten Testsatz wurden somit für die Übung „Lat-Zug vertikal zum Nacken" 70 lbs, für die Übung „Bankdrücken" 55kg und für die Übung „Beinpresse" 300lbs gewählt.

Nach der erneuten Durchführung der 12 Wiederholungen mit den neuen Testgewichten beurteilte der Klient die subjektive Belastung erneut. Er empfand sie als einheitlich gering.

Daher wurden die Testgewichte für den dritten Testsatz erneut um jeweils 25% gesteigert.

Als Testgewichte für den dritten Testsatz wurden für die Übung „Lat-Zug vertikal zum Nacken" nun 90lbs, für die Übung „Bankdrücken" 70kg und für die Übung „Beinpresse" 375 lbs gewählt.

Erneut wurde das subjektive Belastungsempfinden anhand der Skala beurteilt. Das Testgewicht der Übung „Lat-Zug vertikal zum Nacken" wurde als mittel bis schwer eingestuft, das Testgewicht der Übung „Bankdrücken" als sehr schwer und eben noch konzentrisch vollziehbar, und das Testgewicht der Übung „Beinpresse" als schwer, aber nicht komplett ausbelastend.

1.2.3 Testergebnisse

Aufgrund des methodologischen Testablaufes, wobei sich dem 12-RM langsam steigernd genähert wird, der Anzahl von lediglich 3 Testsätzen und der sehr guten Kraftausdauerleistung des Klienten konnte das tatsächliche 12-RM in Höhe von 70kg lediglich für die Übung „Bankdrücken" ermittelt werden. Die Ergebnisse der Übungen „Lat-Zug vertikal zum Nacken" und „Beinpresse" stellen keine 12-RM-Gewichte dar, könnten allerdings auch durchaus trainingswirksame Reize hervorrufen..

1.2.4 Konsequenzen für die Trainingssteuerung

Das Ergebnis der Übung „Bankdrücken" ist als 12-RM in die Variante der Individuellen-Leistungsbild-Methode für den Mesozyklus „Hypertrophie" übertragbar, für die Testgewichte der Übungen „Lat-Zug vertikal zum Nacken" und „Beinpresse" könnte ein Re-Test in der anschließenden Trainingseinheit mit schon zu Beginn höheren Test-gewichten sinnvoll sein, um auch hier gerade noch bewältigbare Intensitäten zu errei-chen. Da bei einem Mehrwiederholungskrafttest sehr viele Einflussfaktoren, bezie-hungsweise Störgrößen, einwirken, sodass keine Referenzwerte, beziehungsweise Normwerte, zur Vergleichbarkeit des Kraftniveaus existieren, bieten die Ergebnisse (auch das bestimmte 12-RM für die Übung „Bankdrücken") keine Möglichkeit des inte-rindividuellen Leistungsvergleiches. Allerdings besteht die Möglichkeit eines intraindi-viduellen Leistungsvergleiches bei konsequenter und exakter Standardisierung der Test-rahmenbedingungen, des Testablaufes und der Testmethodik.

Als Instrument zur Ableitung von Trainingsintensitäten, beispielsweise für die „Indivi-duelle-Leistungsbild-Methode", sind die Ergebnisse von Mehrwiederholungskrafttests geeignet.

2 Zielsetzung/Prognose

2.1 Zieldefinition

Tab. 7: Zieldefinition

Art des Ziels	Ziel	Ist-Zustand	Soll-Zustand	Ausmaß &Zeitbedarf
Biometrisch	Gewichtszunahme	87kg	89kg	2 kg in 6 Mo-naten (4 Me-sozyklen)
Sportmotorisch	Kraftsteigerung bei der Übung „Bankdrücken" im 12RM-Test	55kg	65kg	Ca. 20% in 6 Monaten (4 Mesozyklen)
Sportmotorisch	Anzahl möglicher Klimmzüge	6	15	250% in 4 ½ Monaten (3 Mesozyklen)

2.2 Grundlage der Zieldefinition:

Der Klient möchte Muskelmasse aufbauen. Mit seiner Körperkomposition ist er zufrie-den und wünscht keine Messung. Eine Gewichtszunahme ist gewünscht und wird in die

Trainingsplanung einbezogen. Bewertet wird die Zielerreichung nach 6 Monaten nachdem der ganze Makrozyklus durchlaufen wurde.

Auch die Kraftsteigerung bei der Übung „Bankdrücken" wird am Ende des Makrozyklus bewertet. Mit einem Ausmaß von 20% wäre der Klient sehr zufrieden. Bei der Übung „Klimmzüge" ist der Klient besonders motiviert und wünscht sich eine Steigerung von 6 auf 15 Stück. Dies soll bereits vor Beginn des letzten Mesozyklus mit dem Ziel „Maximalkraftsteigerung" gemessen werden.

Sollten die Ziele nicht so schnell erreicht werden können, möchte der Klient sich davon nicht demotivieren lassen.

3 Makrozyklusplanung nach einer „Variante der Individuelle-Leistungsbild-Methode" mit weitaus höheren Intensitäten für leistungsstarke und gesundheitlich nicht eingeschränkte Sportler

Auf Grund der fünfjährigen Trainingserfahrung (>36 Monate), der sehr guten Fitness und der ausgeprägten motorisch-koordinativen Fähigkeiten wird der Klient als Leistungstrainierender eingestuft. Die bisherige Trainingshäufigkeit von 3 Trainingseinheiten die Woche soll beibehalten werden. Auch der Umfang von 1,5 Stunden pro Trainingseinheit ist ausreichend. Das übergeordnete Trainingskonzept ist das Superkompensationsmodell. Auf Grund der Trainingshäufigkeit wird ein Ganzkörpertraining gewählt, um jeden zweiten bis dritten Tag einen optimal überschwelligen Trainingsreiz zu setzen. Der Kerngedanke des ILB-Tests besteht darin, das maximale Gewicht für die Wiederholungszahl auszutesten, mit der auch tatsächlich trainiert werden soll. Das ILB-Grobraster ermöglicht eine progressive Anpassung aller Belastungsparameter. Die Belastungsintensität wird wöchentlich, spätestens nach 2 Wochen möglichst fein dosiert gesteigert. Damit steigt die Intensität der Beanspruchung nicht nur innerhalb des Mesozyklus, sondern zusätzlich noch verstärkt durch trainingszielbedingte Reduktion der Wiederholungszahlen von Mesozyklus zu Mesozylus. Die zielspezifische Wiederholungszahl ist aus Gründen der Übersichtlichkeit für alle Übungen gleich. Entsprechend dem Trainingsziel Muskelaufbau dominiert der Muskelhypertrophiebereich (zweiter und dritter Mesozyklus). Es wird bis zur muskulären Erschöpfung trainiert. Auf Grund der energetischen Ermüdung der Muskulatur kann es zu einer Regression der Wiederholungszahl von Satz zu Satz kommen, eine progressive Belastungssteigerung innerhalb eines Mesozyklus ist gewährleistet, indem versucht wird die Anzahl der Wiederholungen in den Sätzen bei konstanter Intensität zu steigern, beziehungsweise die Regression der Wiederholungszahlen von Satz zu Satz zu vermindern. Gemäß dem Prinzip der variierenden Belastung soll die Übungsauswahl von Mesozyklus zu Mesozyklus modifiziert werden, allerdings im Sinne eines Ganzkörpertrainings auf die gleichen Muskelgruppen zielen, um die Dauerhaftigkeit des Trainings für Muskelquerschnittsvergrößerungen zu gewährleisten (Fleck & Kraemer, 2004). Auf Grund der muskulären Ausbelastung, soll nach Durchlaufen des gesamten Makrozyklus eine zweiwöchige Trainingspause gemacht werden, um Überlastungs- beziehungsweise Übertrainingszustände zu vermeiden.

Tab. 8: Makrozyklusplanung

Belastungsparameter	ILB- Test Nr.1	1. Meso- zyklus	ILB- Test Nr.2	2. Meso- zyklus	ILB- Test Nr.3	3. Meso- zyklus	ILB- Test Nr.4	4. Meso- zyklus	ILB- Test Nr.5
Beschreibung	12- RM	umfangs- orientier- tes Über- gangstrai- ning	10- RM	Mus- kelaufbau- training extensiv	8- RM	Mus- kelaufbau- training intensiv	6- RM	Maximal- kraftrai- ning ex- tensiv	Kon- trolle der Ziele
Trainingsziel		Gewöh- nung an höhere Intensitä- ten		Hypertro- phie		Hypertro- phie		Maximal- kraftstei- gerung	
Dauer		6 Wochen		6 Wochen		6 Wochen		6 Wochen	
organisationsform		Gank- kör/Kreistr aining		Gank- kör/Kreistr aining		Gank- kör/Kreistr aining		Gank- kör/Station straining	
Einheiten pro Woche		3		3		3		3	
Wiederholungszahl		12		10		8		6	
Sätze pro Übung		3		3		3		3	
Intensität		max. RM		max. RM		max. RM		max. RM	
Satzpausen		60 Sek.		90 Sek.		90 Sek.		180 Sek.	
Übungen pro Muskel- gruppe		1-3		1-3		1-3		1-3	
Bewegungstempo		2/0/2		2/0/2		2/0/2		2/0/2	

4   Vierter Mesozyklus

4.1 Übergeordnetes Konzept

Der vierte Mesozyklus zielt auf ein extensives Maximalkrafttraining. Das Haupttrainingsziel ist eine Verbesserung der intramuskulären und intermuskulären Koordination, woraus eine gesteigerte Maximalkraftleistung resultieren soll. Ein Schwerpunkt bei der Übungsauswahl liegt auf mehrgelenkigen Freihantelübungen und Übungen am Kabelzug, um möglichst viele Synergisten und Muskelgruppen beziehungsweise Muskelketten einzubeziehen und idealerweise auch muskulär auszubelasten. Scherkräfte sollen vermieden werden. Die Autostabilisation soll gefördert werden, die intermuskuläre Koordination geschult und physiologische Kraftsverlaufskurven und eine physiologische Gelenkmechanik gewährleistet werden. Außerdem sollen mehrdimensionale Bewegungsmuster möglich sein. Für den leistungsorientierten Klienten ist im Hinblick auf optimale Kraftsteigerungen und Hypertrophieeffekte ein Training bis zur muskulären Ausbelastung empfohlen (Bührle & Werner, 1984). Negative Reaktionen in Folge der hochintensiven, muskulären Ausbelastung im Hinblick auf die Kraftsteigerung durch sukzessive Abnahme des Testosterons, werden durch einen einzigen zwischengeschalteten Erholungstag umgekehrt (Garhammer & Takano, 1994). Auf Intensitätstechniken wird verzichtet, um orthopädische Schäden zu vermeiden. Die Mesozyklusdauer soll 6 Wochen betragen. Entsprechend des vom Klienten gewünschten Trainingspensums soll an drei Tagen die Woche trainiert werden. Jeweils montags, mittwochs und freitags wird nach dem selben Ganzkörpertrainingsplan trainiert. Auf Grund der hohen Trainingsintensitäten wird die Pausendauer mit 180 Sekunden hoch angesetzt. Es wird wegen der materiellen Rahmenbedingungen ein Stationstraining geplant. Nach drei Sätzen wird die Übungsstation gewechselt, bis alle Stationen durchgeführt wurden. Die Intensitäten werden mittels ILB-Test für ein 6 Wiederholungsmaximum ermittelt, die Ausgangsschätzung beruht auf Erfahrungswerten von Übungen für gleiche und ähnliche Muskelgruppen aus dem vorangegangenen Mesozyklus. Über die drei Sätze beziehungsweise Serien soll versucht werden die Wiederholungszahl möglichst beizubehalten. Die Übungsauswahl sieht vor, dass jede Muskelgruppe mit ein bis 3 Übungen in unterschiedlichen Arbeitswinkeln beansprucht wird. Zu Beginn des Trainings sollen Übungen mit Kraftbelastungen für große Muskelgruppen absolviert werden, um die Sekretion von Testosteron und Wachstumshormonen gleich zu Beginn zu fördern (Kraemer, 1994b, S. 293).

4.2 Station 1 „Beine & Hüfte"

Auf Grund von einer suboptimalen Haltung im Bereich der lumbalen Wirbelsäule bei verschiedenen Variationen der Übung „Kniebeuge" wird darauf verzichtet

Tab. 9: Übungsauswahl der Station 1 „Beine & Hüfte"

Übung	Gelenkbewegung	Beanspruchte Muskulatur
Beinpresse horizontal sitzend	Dynamisch: Extension des Kniegelenks	M. quadriceps femoris M glutaeus maximus
	Extension des Hüftgelenks	M. biceps femoris M. semitendinosus M. semimembranosus
	Statisch: Stabilisierung des Hüftgelenks	Alle Abduktoren & alle Adduktoren
Beinbeugen sitzend	Flexion des Kniegelenks	M. biceps femoris M. semitendinosus M. semimembranosus M. gastrocnemius
Beinheben im Stütz mit Zusatzgewicht	Dynamisch: Flexion des Hüftgelenks	M. iliopsoas M. rectus femoris M. sartorius
	Statisch: Depression des Schultergürtels	M. trapezius, pars ascendens M. serratus anterior

4.3 Station 2 „Rücken & Bizeps"

Tab.10: Übungsauswahl der Station 2 „Rücken & Bizeps"

Übung	Gelenkbewegung	Beanspruchte Muskulatur
Zug vertikal zum Nacken	Dynamisch: Adduktion & Retroversion des Oberarms im Schultergelenk Depression des Schulterblattes Flexion des Ellenbogengelenks Statisch: Stabilisierung des Schulterblattes,	M. latissimus dorsi M. teres major M. deltoideus, pars spinata M. trapezius, pars ascendens M. biceps brachii M. brachialis M. brachioradialis M. trapezius, pars descendens
	Stabilisierung des Oberarms in der Außenrotation	Mm. rhomboidei Außenrotatoren (M. supraspinatus, M.infraspinatus, M. teres minor)
	Stabilisierung der Wirbelsäule	M. erector spinae
Rückenaufrollen an der 45° Bank	Extension des Hüftgelenks	M. glutaeus maximus M. biceps femoris M. semitendinosus M. semimembranosus M. erector spinae
	Extension der Wirbelsäule	
Reverse Butterfly am Kabelzug	Dynamisch: Retroversion des Oberarms im Schultergelenk Retraktion des Schulterblattes Statisch: Stabilisierung des Schulterblattes	M. latissimus dorsi M. teres major M. deltoideus, pars spinata M trapezius, pars transversa Mm. rhomboidei M. trapezius, pars

	Stabilisierung der Wirbelsäule	ascendens & pars descendens M. erector spinae

4.4 Station 3 „Brust & Trizeps"

Tab. 11: Übungsauswahl der Station 3 „Brust & Bizeps"

Übung	Gelenkbewegung	Beanspruchte Muskulatur
Kurzhantelschrägbankdrücken	Dynamisch: Adduktion & Anteversion des Oberarms im Schultergelenk Extension des Ellenbogengelenkes Statisch: Stabilisierung des Schulterblattes und des Schlüsselbeins	M. pectoralis major M. deltoideus, pars clavicularis M. triceps brachii M. trapezius
Fliegende Bewegung im Stehen am Kabelzug	Adduktion & Anteversion des Oberarms im Schultergelenk	M. pectoralis major M. deltoideus, pars clavicularis
Barrenstütz (Dips) mit Zusatzgewicht	Dynamisch: Adduktion & Anteversion des Oberarms im Schultergelenk Extension des Ellenbogengelenkes Statisch: Stabilisierung des Schulterblattes und des Schlüsselbeins	M. pectoralis major M. deltoideus, pars clavicularis M. triceps brachii M. trapezius M. serratus anterior

4.5 Station 4 „Schulter & Bauch"

Tab. 12: Übungsauswahl der Station 4 „Schulter & Bauch"

Übung	Gelenkbewegung	Beanspruchte Muskulatur
Kurzhantelseitheben	Dynamisch: Abduktion des Oberarms im Schultergelenk Statisch: Stabilisierung des Schulterblattes	M. deltoideus, pars acromialis M. supraspinatus M.trapezius, pars descendens M. serratus anterior
Rumpfbeugen am Kabelzug	Flexion der Wirbelsäule	M. rectus abdominis M. obliquus externus abdominis M. obliquus internus abdominis
	Bauchpresse	M. transversus abdominis

5 Literaturrecherche zu Effekten des Krafttrainings bei Diabetes mellitus Typ-2

Tab. 13: Ergebnis der Literaturrecherche

Titel	Exercise training improves vascular function in adolescents with type 2 diabetes	Effects of elastic band resistance training on glucose control, body composition, and physical function in women with short- vs. long-duration type 2 diabetes
Autorenschaft	Naylor, L. H; Davis, E. A.; Kalic, R. J.; Paramalingam, N.; Abraham, M. B.; Jones, T. W.; Green, D. J.	Park, Bong-Sup; Khamoui, Andy V.; Brown, Lee E.; Kim, Do-Youn; Han, Kyung-Ah; Min, Kyung-Wan; An, Geun-Hee
Publikation	2016 Februar	2015 November
Versuchspersonen	13 Jugendliche zwischen 13 und	26 Frauen mit Diabetes melli-

	21 Jahren mit Diabetes mellitus Typ 2, rekrutiert aus dem Princess Margaret Hospital	tus Typ 2 aufgeteilt nach Erkrankungsdauer in 2 Gruppen (12 Frauen seit 3+/-2 Jahren, 14 Frauen seit 10+/-3 Jahren)
Versuchsaufbau	Die Behandlung ist ein 12-wöchiges gerätebasiertes Personaltraining, experimentelle Längsschnittsstudie mit Kontrollgruppe. Gemessen wurden arterielle Endothelfunktion (flow-mediated dilation FMD), mikrovaskuläre (Kapillar-)Funktion (cutaneous laser Doppler), Körperkomposition (dual-energy X-ray absorpiometry DXA), Ganzkörperinsulinsensivität (euglycemic-hyperinsulinemic clamp protocol), maximale Sauerstoffaufnahmekapazität (VO2max), und Einwiederholungsmaximalgewicht (1RM)	Die Behandlung ist ein 12-wöchiges (2 Trainingseinheiten am Tag an fünf Tagen die Woche) progressives Elastikbandtraining. Gemessen wurden Glukosewerte, Körperkomposition und Körperfunktionswerte.
Ergebnisse	Gerätetraining steigert die arteielle Endothelfunktion, die fettfreie Körpermasse, die Muskelkraft. Es gab keine Veränderungen der maximalen Sauerstoffaufnahmekapazität, des Körpergewichts, des Body-mass-index oder der Ganzkörperinsulinsensibilität. In der Kontrollgruppe stiegen Körpergewicht, Body-mass-index und Fettmasse. Verbessert wurde die Kapillarfunktion. Krafttraining kann die Endothelfunktion und Gesundheit von Arterien und Kapillaren verbessern, unabhängig von Veränderungen der Insulinsensibilität bei Jugendlichen mit Diabetes mellitus Typ 2.	Für Glukoseblutwerte wurden keine Unterschiede zwischen den beiden Gruppen signifikant fentdeckt. Unabhängig von der Erkrankungsdauer wurden vergleichbare Verbesserungen in beiden Kohorten festgestellt. Der HbA1c-Langzeitwert sank um 13-18%, die Nüchternglukose sank um 23-31%, der postpraniale Glukosewert sank um 36-40%, das Insulin sank um 34-40% und der C-Peptidwert sank um 38-51% bei einem Signifikanzniveau von $p<0.05$. In beiden Gruppen fanden sich biometrische Verbesserungen des Ge-

		wichts (-5-9%), des BMI (-6-9%), des Taille-Hüft-Quotienten (-3-5%) und der Fettmasse (-14-20%) bei einem Signifikanzniveau von p<0,05. Kraftsteigerungen von +15-33% der Ausgangs-wiederholungszahl beim Bizepscurl und +45-47% bei einer Aufstehübung wurden bei einem Signifikanzniveau von p<0,05 realisiert. Krafttraining ist daher für Diabetes mellitus Typ 2 Patienten unabhängig von der Erkrankungsdauer zu empfehlen.

6 Literaturverzeichnis

Boeckh-Behrens, W.-U., Buskies, W. (2002). *Fitness-Krafttraining. Die besten Übungen und Methoden für Sport und Gesundheit* (6. Aufl.). Reinbek bei Hamburg: Rowohlt.

Bührle, M. & Werner, E. (1984). Das Muskelquerschnittstraining der Bodybuilder. *Leistungssport*, 14 (3), 5-9.

Eifler, C. (2000). *Krafttraining nach der ILB-Methode – Eine empirische Überprüfung der Trainingseffekte bei Anfängern und Fortgeschrittenen*. Diplomarbeit, Universität des Saarlandes. Saarbrücken.

Fleck, S. J. & Kraemer, W. J. (2004). *Designing resistance training programs* (3. ed.). Champaign, IL: Human Kinetics.

Garhammer, J. & Takano, B. (1994). Training im Gewichtheben. In P. V. Komi (Hrsg.), *Kraft und Schnellkraft im Sport* (S. 353-364). Köln: Deutscher Ärzte-Verlag.

Kraemer, W. J. (1994b). Endokrine Reaktionen und Adaptationen unter einem Krafttraining. In P. V. Komi (Hrsg.), *Kraft und Schnellkraft im Sport* (S. 290-301). Köln: Deutscher Ärzte-Verlag.

Mancia, G., Fagard, R., Narkiewicz, K., Redón, J., Zanchetti, A., Böhm, M. et al. (2013). 2013 ESH/ESC Guidelines for the management of arterial hypertension. The task force for the management of arterial hypertension of the European Society of Hypertension (ESH) and of the European Society of Cardiology (ESC). *Journal of Hypertension*, 31 (7), 1281-1357.

Naylor, L. H., Davis, E. A., Kalic, R. J., Paramalingam, N., Abraham, M. B., Jones, T. W. & Green, D. J. (2016). Exercise training improves vascular funktion in adolescents with type 2 diabetes. In *Physiological Reports*, 4 (4). Zugriff am 21.02.2016. Verfügbar unter http://www.ncbi.nlm.nih.gov/pubmed/26887327

Park, B., Khamoui, A., Brown, L. E., Kim, D., Han, K., Min, K. & An, G. (2015). Effects of elastic band resistance training on glucose control, body composition, and physical function in women with short- vs. long-duration type 2 diabetes. In *The Journal of Strength and Conditioning Research*. Zugriff am 21.02.2016. Verfügbar unter http://journals.lww.com/nsca-jscr/Abstract/publishahead/EFFECTS_OF_ELASTIC_BAND_RESISTANCE_TRAINI NG_ON.96682.aspx

Zimmer, M. (1999). *Entwicklung und Erprobung eines Mehrwiederholungstests zur Erfassung der Kraftleistung im Fitneß-Training.* Diplomarbeit, Universität des Saarlandes. Saarbrücken.

7 Tabellenverzeichnis

Tab. 1:   Allgemeine Daten

Tab. 2:   Allgemeiner Gesundheitszustand

Tab. 3:   Biometrische Daten

Tab. 4:   Blutdruckklassifikation der American Heart Asociation (modifiziert nach Mancia et al., 2013, S. 1286

Tab. 5:   Methodischer Ablauf eines Mehrwiederholungskrafttests zur Ermittlung des 12-RM (Testablaufschema nach Zimmer, 1999, S. 45-47)

Tab. 6:   Siebenstufige Skala zur Ermittlung des subjektiven Belastungsempfindens (modifiziert nach Boeckh-Behrens & Buskies, 2002, S.32)

Tab. 7:   Zieldefinition

Tab. 8:   Makrozyklusplanung

Tab. 9:   Übungsauswahl der Station 1 „Beine & Hüfte"

Tab.10:   Übungsauswahl der Station 2 „Rücken & Bizeps"

Tab. 11:   Übungsauswahl der Station 3 „Brust & Bizeps"

Tab. 12:   Übungsauswahl der Station 4 „Schulter & Bauch"

Tab. 13:   Ergebnis der Literaturrecherche

BEI GRIN MACHT SICH IHR WISSEN BEZAHLT

- Wir veröffentlichen Ihre Hausarbeit,
  Bachelor- und Masterarbeit

- Ihr eigenes eBook und Buch -
  weltweit in allen wichtigen Shops

- Verdienen Sie an jedem Verkauf

Jetzt bei www.GRIN.com hochladen
und kostenlos publizieren